Werner Ch. Jungwirth

Buntes Allerlei

Werner Ch. Jungwirth

Buntes Allerlei

Rediroma-Verlag

Bibliografische Information der Deutschen Nationalbibliothek:
Die Deutsche Nationalbibliothek verzeichnet diese Publikation in der Deutschen Nationalbibliografie; detaillierte bibliografische Daten sind im Internet über http://portal.dnb.de abrufbar.

Hinweis: Der Inhalt mancher Gedichte in diesem Buch erhebt nicht den Anspruch, auf einer Idee des Autors zu basieren.

ISBN 978-3-98885-403-2

www.rediroma-verlag.de
8,95 Euro (D)

Inhalt

BUNTES ALLERLEI

Schulsplitter

Während eines uns'rer Tests
spielt' ein Video er ab,
unser Lehrer, der Schlawiner,
brachte uns damit auf Trab.
Auf dem Video sah man ihn,
rasenmäh'n bei sich zu Haus.
„Ihr müsst fertig sein mit diesem Test,
bis ich fertig hab' gemäht;
sonst gibt es ein Nicht-genügend,
das darauf im Zeugnis steht!"

Neulich gab ich einen Aufsatz
meinem Lehrer in die Hand.
Er hatt' ihn sofort gelesen,
schaute draufhin auf die Wand,
wo er eine Fliege sah,
die er einfing auf der Stell',
tot war sie, er klebt' die Fliege
auf mein Aufsatzheft blitzschnell.
Er schrieb dann etwas dazu,
hat sich damit sehr beeilt:
„Gähn! Zu Tod hat selbst die Fliege
sich beim Lesen gelangweilt!"

„Georg, weißt du, was auf Englisch
die Zahl 9 heißt, sag es mir!"
„Nein", meint Georg. Drauf der Lehrer:
„Richtig! Bravo! Dieses Lob g'hört dir!"

„Sprecht ihr manchmal mit den Pflanzen?“
„Ja“, sagt einer, „mache ich,
beispielsweise über’s Gießen
rede ich dann hauptsächlich.
Neulich sprach ich mit ‘ner Pflanze
und schlug Folgendes ihr vor:
dass ich sie nur einmal gieße –
Wasser sollte sie empfangen
jetzt einmal im Monat nur.
Sie ist darauf eingegangen!“

9. Mai 2024

In der Wüste

„Es waren einmal zwei Kamele,
Eines war grün, oasengleich.
Wie viel wiegt denn der Sand der Wüste,
wenn's dunkel ist?", fragte der Scheich.

Er war auch Lehrer, muss man wissen,
und wandte an die Schüler sich,
sie sollten dies Problem nun lösen.
Er konnt' es selbst nicht sicherlich.

Und plötzlich kommt 'ne Karawane,
ein Europäer war dabei.
Der stellte just auf eine Gleichung.
Es war 'ne wilde Kritzelei.
Schrieb hin ein X und Ypsilon,
wie er's gelernt hat seinerzeit,
Verwendete arabisch' Ziffern,
dann war die Lösung nicht mehr weit.

Er war ein Nachfahr' Adam Rieses,
mit Mathematik sehr vertraut.
Und Eva Zwerg war auch zugegen,
welche der Scheich nur hatt' erschaut.

Die Eva Zwerg gibt's nur fiktiv,
das weiß der Scheich ja aber nicht.
Er denkt, sie sei Bauchtänzerin,
stellt sie sich vor bei Kerzenlicht.

Es war ihm gar nicht aufgefall’n,
dass eine Luftspiegelung sie war,
Fata Morgana lehnt er ab,
doch nur für ihn war sie sichtbar.
Das Grundproblem war ihm egal,
die Mathematik er vergaß,
erdacht’ an seinen Harem nur,
den er zu Hause ja besaß!

Die Schüler freuten sich darum,
sie mochten Mathematik nicht.
Kamele und der Wüstensand,
die fielen nicht mehr ins Gewicht.

So wurd’ die Gleichung nie gelöst.
Egal, wie man es drehen mag,
die ist noch heut’ in aller Mund’.
Wahrscheinlich bis zum Jüngsten Tag!!!

8. Mai 2024

Denken

„Hast du heute schon gelernt?“,
fragt der Vater seinen Sohn.
„Ich hab’ nicht daran gedacht,
die Gedanken sind entfloh’n.“

In der Schule geht es rund,
logisch denken steht am Plan,
doch kein einziger der Schüler
hat es bisher noch getan.

Auf ‘ner Kreuzung steht die Ampel
grad auf Rot, einer fährt los
und er denkt sich, grün kommt ja gleich,
wird sich ausgeh’n mühelos.

Heute wird’s gefährlich hier,
hab’ dabei meine Bedenken,
lass mich deshalb auf nichts ein
und ich wage nicht, zu denken.

Denken ist ein Luxusgut,
werd’ es nicht einfach verschwenden,
brauch’ es ja ein andermal,
werde es deshalb beenden.

So ist’s auch bei andren Dingen,
denn die Menschen denken kaum,
lassen treiben sich, bei vielen
ist im Kopf ein hohler Raum.

Resümee:
Manche gehen mit dem Denken
sparsam um – es klingt banal –
gehen also mit dem DENKEN
um, als wär' es ILLEGAL!!

7. Mai 2024

Der Meteorologe

‘Ne Fernsehanstalt expandiert,
will breiter machen das Programm,
man stellt dann junge Leute ein,
gebildet und auch hübsch gleichsam.

Nachdem alle Abteilungen
inzwischen dann sehr gut besetzt,
möchte man auch den Wetterdienst
mit Fachleuten ausstatten jetzt.

Und eines Tages meldet sich
ein Met’rologe in dem Haus,
gut ausgebildet ist der Mann,
er stellt sich vor, doch wird nichts draus.

Denn man forciert dort junge Leut’,
der Mann aber, der ist schon alt.
Zur Red’ gestellt, was er hier will
in seinem Alter, wird er bald.

„Sie sind ja schon ein alter Mann,
wir nehmen ja nur Junge auf!“
Der Mann: „Ich bin ja auch noch jung
und hab’ das Fachliche auch drauf!“

Der Intendant ist drauf empört,
denn dieser Tropf stiehlt seine Zeit;
lässt diesen aber doch erklär’n,
wie es gekommen ist so weit.

„Sind 70 Jahre mindestens,
Was woll'n sie also hier im Haus?"
Der Mann behält die Contenance,
Und folglich kommt aus ihm heraus:

„70 bin ich in Fahrenheit,
In Celsius erst 21!"

3. Mai 2024

Patient und Chirurg

Ein Mann, der ist zum ersten Mal
im Krankenhaus, wird operiert,
Anästhesist kommt an sein Bett
und klärt ihn auf ganz expliziert.

Er nimmt gekonnt ihm seine Angst.
Am nächsten Tage geht es los,
man holt ihn ab und führt ihn fort,
doch seine Skepsis, die ist groß.

Plötzlich kommt der Chirurg herein,
spricht ein paar Worte dann mit ihm
und gibt ihm schließlich das Gefühl,
als wär' er Mitglied in dem Team.

Der Patient, er fasst Vertrau'n,
doch er ist trotzdem auf der Hut,
erklärt dem Arzt aus vollem Herzen,
dass er Bedenken hat. – „Geht's gut?"

„Ich bin wahnsinnig aufgeregt,
erste OP heut'! – Risiko?"
Auch der Chirurg ist sehr erregt
und sagt: „'s ist meine Erste ebenso!"

3. Mai 2024

Lehrlingsausbildung

Ein Firmenchef hat Lehrlinge,
die bildet er dann selbst auch aus,
und immer wieder gibt's Gespräche
von Zeit zu Zeit in seinem Haus.

Neben der Praxis gibt's auch Fragen,
die er den Lehrlingen oft stellt,
viele von ihnen zeigen Eifer,
das ist das Einzige, was zählt.

Denn alles wissen tut noch keiner,
die meisten, die bemühen sich
und können, was sie bisher lernten,
auch umsetzen ganz vorbildlich.

Doch einer, der tanzt aus der Reihe,
er merkt sich leider einfach nichts.
Der Chef nimmt ihn an die Kandare
und meint, er sei ein Taugenichts.

Der Bursche wehrt sich aber tapfer,
sein Kopf sei leer, das sagt er drauf,
und weiter: „Ich kann da nichts machen,
Das Schicksal nimmt halt seinen Lauf."
Jetzt zeigt der Chef Verständnis, sagt:
„Der Lernstoff, der wird immer schwerer;
egal, wie leer im Kopf du bist,
denn es gibt Menschen, die sind Lehrer!"

3. Mai 2024

Die Wunderheilung

Zur Untersuchung geht ein Mann,
der Arzt behandelt etwas ihn,
und bald ist dieser schon gesund,
‘ne Wunderheilung war’s letzthin.

„Die Heilung, die verdanken Sie
dem Herrgott und ihrer Natur,
die sehr robust ist, lieber Mann,
kann Ihnen gratulieren nur.“

„Gut, dass Sie’s sagen“, meint der Herr,
„der Herrgott ja so manches kann,
berücksichtigen Sie dies bittschön
bei ihrer Rechnungslegung dann!“

17. Mai 2024

Gymnastik

Ein wohlbeleibter Patient
sucht eines Tag's den Doktor auf.
„Herr Doktor“, sagt er, „helfen Sie,
krieg' keine Luft mehr, wenn ich lauf'!“

Der Doktor; „Sie sind viel zu dick,
das ist der Grund für Ihr Problem.
Sie sollten abnehmen, mein Herr,
das aber schleunigst und extrem.
Leichte Gymnastik ab sofort,
die täte ihnen wirklich gut,
und dieses täglich, läng're Zeit,
Würd' Ihnen helfen absolut!“

Der Patient sagt drauf zum Arzt:
„Jetzt bin ich wieder lebensfroh.
Welche Gymnastik meinen Sie:
Meinen Sie Liegestütz' und so?“

Der Arzt meint drauf: „Hören Sie zu,
es ist ganz einfach, lieber Mann.
Ein Kopfschütteln genügt, wenn wer
Ihnen zu essen anbietet fortan!“

17. Mai 2024

Der Zölibat

Zwei Priester unterhalten sich,
beide sind streng katholisch.
Sie diskutieren über Frauen
und sind auch egozentrisch.

Der eine sagte: „Was meinst du,
ob wir es vielleicht noch erleben,
dass einst der Zölibat doch fällt,
wird man ihn je aufheben?"

Der and're meint: „Ich glaub' es nicht,
wir sind ja schon sehr alt
und lange schon im Dienste,
das wird's nicht geb'n so bald!"

Da sagt der erste: „Ich glaub' schon,
der Papst wird immer linder,
wir werden es wohl nicht erleben,
doch sicher uns're Kinder!"

18. Mai 2024

Die Verwechslung

Um 2 Uhr nachts, da kam ein Mann
nach Hause, stockbetrunken,
und seine Frau schnuppert an ihm,
er hatte sehr gestunken.

Sie sagte dann: „Du wolltest doch
zwei Bier nur trinken und danach
um zehn zu Hause sein bei mir,
und jetzt liegst wieder du ganz flach!“

Er drauf: „Entschuldige, mein Schatzl,
du weißt, das macht der Alkohol,
wollt’ pünktlich ja zu Hause sein,
verwechselt habe ich das wohl!“

18. Mai 2024

Gottes Instrument

Gott spielt auch ein Instrument,
ja, man kann's kaum glauben,
er ist Bläser offenbar,
kann sich's ja erlauben.

Sicher spielt er einige,
am liebsten aber bläst er
die Tuba, spielt ein Requiem,
man errät es unschwer.

Schon im Vaterunser steht's –
mancher hört's Gebimmel –
„Vater unser", heißt's darin,
„der TUBIST im Himmel!"

18. Mai 2024

Ein armer Musiker

Ein Musiker, der geht zum Arzt,
der Doktor untersucht ihn gleich.
Nach einer Weile wird er ernst
und sein Gesicht erscheint ganz bleich.

Der Musiker fragt nach sofort,
wie es wohl um ihn stehe.
Er ahnt schon, dass sehr krank er ist
und was jetzt wohl geschähe.

Der Doktor sagt: „Bedaure sehr,
sag' ihnen jetzt, was ich erkenn':
Sie leben noch fünf Monate!"
Der Musiker: „Ja, wovon denn?"

18. Mai 2024

Der Narr

Ich hatt‘s mal mit ‘nem Narr‘n zu tun,
den ich nur flüchtig hab‘ gekannt,
wir beide unterhielten uns,
und er war etwas durcheinand‘.

Da fragte ich ihn, wie‘s ihm geht,
er wirkte ziemlich aufgeregt
und hat mir sein Problem erzählt,
das ihn, ich merkt‘s, sehr bewegt.

Im Kino war er heute schon,
sah nichts vom Film, hatte nur gehört,
erzählte er, denn vor ihm saß
ein Langer, der die Sicht versperrt.

„Hätt‘st du die Plätze doch getauscht
mit jemand anderem im Saal,
dann wärest du zufrieden jetzt,
hätt‘st was geseh‘n mit einem Mal.“

Er sagte drauf: „Das konnt‘ ich nicht,
wenngleich ich‘s wollte, glaub‘ mir das,
weil neben mir ja weit und breit
kein anderer Besucher saß!“

DEUTSCHE SAGEN IN REIMEN

Die Jungfrau von der Lorelei

Ein Mädchen lebte einst am Rhein,
es war am Felsen Lorelei.
Hatt' eine lieblich' Stimme gar,
bewirkte damit vielerlei.

Verzauberte die Menschen gleich,
sie waren sprachlos, Frau und Mann,
und auch die Fischer auf dem Rhein
Zog mit Gesang sie in ihr'n Bann.

So achteten sie nicht mehr drauf,
dass Felsen dort gefährlich sind,
versanken drauf mit ihrem Schiff
Mit Mann und Maus im Fluss geschwind.

Der Sohn vom Pfalzgraf hört' von ihr,
von den Ereignissen am Fluss,
er wollt' ein Ende setzen dem
und ruderte dorthin zum Schluss.

Er hörte ihre Stimme gleich,
ein traurig' Lied ließ sie erschall'n.
Es dauerte darauf nicht lang,
der junge Mann war ihr verfall'n.

Als er an's Land dann springen wollt',
da rutscht' er aus, konnt' nicht mehr steh'n.
Auch er ertrank darauf im Rhein,
nie wieder hatt' man ihn geseh'n.

Sein Vater, der wurd' zornig drauf,
befahl, die Frau zu bringen her,
und ein Soldat sollt' holen sie,
tot oder lebendig, sagte er.

Und der Soldat suchte sie auf,
sie sollt' sich stürzen in den Rhein,
weil sie nur Unglück hat gebracht
dem Pfalzgrafen ja ungemein.

Die Bernsteinkette, die sie hatt',
Warf sie umgehend in den Fluß und rief:
„Vater, Vater, geschwind, geschwind,
die weißen Rosse schick' deinem Kind.
Es will reiten mit Wogen und Wind!"

Kaum sprach sie dieses letzte Wort,
da bäumten sich zwei Wellen auf
über dem Felsen, wo sie saß.
sie stürzt' ins Wasser gleich darauf.

Und in die Tiefe zogen sie
das Mädchen, das sogleich verschwand
im Fluß, Well'n überschlugen sich,
die Gischt bildet' ein silbern' Band.

Die Jungfrau von der Lorelei,
sie ließ all das gerne gescheh'n.
Und wenn sich mancher noch so mühte,
Nie wieder wurde sie geseh'n!

25. Mai 2024

Die Jungfrau am Drachenfels

Ein stolzer Drache lebte einst
im Siebengebirge, lang ist's her,
die Menschen dieses Landstriches,
diese verehrten ihn so sehr.

Sie hatten nie von Gott gehört
und auch von uns'rem Jesuskind.
Sie waren Heiden, opferten
so manchen Mensch', ihm wohlgesinnt.

Soldaten kamen dann vorbei
mit einer Jungfrau an der Hand.
Sie war 'ne Kriegsbeute und schön,
man wollt' sie opfern hierzuland.

Dann führte man zum Drachen sie,
sie schaute vor der Höhle hier
zum Himmel, fürchtete sich nicht
vor'm Drachen, der schon kam zu ihr.

Sie zog ein Kreuz aus ihrem Kleid,
hielt es dem Ungeheuer hin,
fieses erzürnte und erbebt',
stürzt' in die Tiefe sich draufhin.

Und kein Bewohner dieses Land's
hatt' je so etwas miterlebt,
ein Zaubermittel, meinten sie,
und jeder hat danach gestrebt.

Den Drachen hatte sie besiegt,
die schöne Jungfrau, dachten sie,
sie musst' erzähl'n von ihrem Gott,
der Leut' begeistert wie noch nie.

Sie baten sie, zurückzukehr'n
zu ihrem Volk, von dem sie kam.
Ein Priester sollte dann erzähl'n
vom Christentum ganz wundersam.

Ins Siebengebirge kam draufhin
das Christentum, wie sie's erfleht;
und bei der Drachenhöhle heut'
'ne christliche Kapelle steht!

Der Drache wurd' nie mehr geseh'n,
Man betete zu Gott ab jetzt.
Die Jungfrau wurde sehr verehrt
Und wird bis heute noch geschätzt!

25. Mai 2024

Der Mäuseturm von Bingen

Vor langer Zeit lebte in Mainz
ein habgieriger Erzbischof,
hieß Hatto, und er war sehr bös',
Obwohl er doch ein Theosoph.

Zeigt' niemals Mitleid – war ihm fremd –
'ne menschlich' Regung kannt' er nicht.
Sein Herz, das war durch und durch schlecht,
nur seine Meinung hatt' Gewicht.

'Ne fürchterliche Dürre kam,
vertrocknete die Felder dann,
Tiere verdursteten sogleich
und Hungersnot gab's auch fortan.

Das interessierte den Bischof nicht,
Getreidekammern war'n ja voll
in seinem Anwesen, ihm ging's
ja gut, er fühlt' sich wohl.

Eines Tages kam das Volk
zu ihm, es wollte Korn und Brot,
Doch der Bischof lachte nur
und half nicht in ihrer Not.

Ließ sie einsperren sogleich
in 'ner Scheune kurzerhand,
Feuer legen ließ er dann,
Menschen wurden nun verbrannt.

Und er tafelte sodann –
nie ging ihm das Essen aus
mit Gefolgschaft an ‘nem Tisch,
und man lebt’ in Saus und Braus.

Hörten dann ein Pfeifen leis’,
doch man machte sich nichts draus,
kümmerte sich nicht darum,
Wussten, das war eine Maus.

Irgendwann wurde es still,
und man hörte keinen Ton.
Alles stumm! Doch dann geschah's:
Mäuse krochen zum Salon.
Jeder Winkel des Palasts
voll von Mäusen war gleichsam,
diese fraßen alles auf,
was in ihren Weg dann kam.
Kletterten auf Gäste ‘nauf –
die erfasste gleich das Grau‘n –
aufs Gesicht dann, um die Speisen
aus dem Mund heraus zu klau‘n.

Plötzlich hatten alle Angst,
und die Flucht ergriffen sie.
Der Bischof flüchtet‘ auf ein Schiff,
auf dem Rhein, so schnell wie nie.

Floh zu einem weißen Turm,
welcher lag mitten im Fluss,
wiegte sich in Sicherheit,
doch das war ein Trugesschluss.

Denn kaum trat er dorten ein,
kamen wieder Mäus‘ hervor,
hunderte, ja tausende,
kletterten an ihm empor.

So erzählt die Sage dann,
diese hätten ihn benagt
bis zum Knochen – oh welch‘ Qual –
ihm zur Strafe, man heut‘ sagt.

Den Mäuseturm von Bingen nun
kann man auch heute noch erspäh‘n,
zerfallenes Gemäuer ist‘s,
wo die Tragödie einst gescheh‘n!

26. Mai 2024

Der Rattenfänger von Hameln

Eine große Rattenplage
hat einst Hameln heimgesucht,
Es war im Jahr 1284,
man hatte diese schon verflucht.

Ein fremder Mann kam dann daher,
bot an, zu helfen in der Not,
die Ratten aus der Stadt zu führ'n
dann bis zum nächsten Abendrot.

Und er verlangte einen Lohn,
die Bürger sagten ihm den zu.
Und schon am nächsten Morgen dann
tritt er sein Amte an im Nu.

Zu diesem Zwecke zog der Mann
dann eine Pfeife flugs heraus;
er spielte eine Melodie,
man konnt' sie hör'n in jedem Haus.

Sobald die Melodie erklang ,
drang sie den Ratten an ihr Ohr,
und darauf dauert' es nicht lang,
sie krochen umgehend hervor.

Aus allen Häusern kamen sie
und sammelten sich um den Mann.
Der Mann ging pfeifend dann voran,
die Ratten folgten ihm sodann.

So ging er aus der Stadt hinaus,
die Ratten liefen nach sofort,
Zum Flusse Weser führt' er sie,
und sie ertranken an dem Ort,
Weil sie ins Wasser war'n gestürzt.
sie folgten ja der Melodie,
die was Geheimnisvolles hatt';
zurück zur Stadt kamen sie nie.

Von dieser Plage hat befreit
der Mann ganz Hameln nun vorab,
wollt' seinen Lohn nun gleich dafür,
die Bürger jedoch lehnten ab.
Sie brachen ihr Versprechen nun
und zahlten ihm nicht sein Salär.
Zornig, erbittert ging er fort,
doch plant' er seine Wiederkehr.

Denn eines Tag's kehrt' er zurück,
sein Pfeifen was Unheimlich's hatt'.
Es folgten ihm nur Kinder jetzt,
auch diese führt' er aus der Stadt.
Zum Ostertor zu einem Berg
ging er mit ihnen kurzerhand,
wo er dann mit den Kindern gleich
am selben Abend noch verschwand.

130 an der Zahl
verschwanden beim Spazierengeh'n. –
von Hamelns Einwohnern jedoch
wurden sie niemals mehr geseh'n!

26. Mai 2024

Der Tausendjährige Rosenstrauch zu Hildesheim

1000 Jahre ist es her,
Ludwig, der Fromme, ging zur Jagd.
Ein Kreuz mit einem Heiligtum
verlor er und war drauf verzagt.

Er sandte seine Diener aus,
das Kreuz zu suchen, und versprach,
am Ort, wo man es finden würd',
eine Kapell' zu bau'n einfach.

Sie sah'n im Winter sattes Grün –
das war von Gott ein Fingerzeig –
darauf erblüht' ein Rosenstrauch,
das Kreuz hing dort auf einem Zweig.

Berichteten dem Kaiser das,
und dieser, voller Gottvertrau'n,
befahl den Untertanen gleich,
Eine Kapelle dort zu bau'n.

Und der Altar sollte dort steh'n,
wo dieser Rosenstrauch auch stand.
Alles geschah', wie er's befohl'n;
ein Kleinod ist's im deutschen Land.

Seit 1000 Jahr'n steht dieser Strauch
und alle Menschen er erfreut,
denn dieser heil'ge Rosenstrauch
zu allen Zeiten blüht bis heut'!

27. Mai 2024

Pater und Nonne bei Letmathe

Zwei Kreidefelsen steh'n am Ufer
des Flüsschens Lenne, Letmathe,
Sie heißen Pater und die Nonne
und stehen dort seit eh und je.

Denn ein Mönch lebte in 'nem Kloster,
war dieser Enge bald entfloh'n,
und baut' ein Ritterschloß daneben,
lebt' wie ein Fürst auf einem Thron.

Er war sodann zu einer Nonne
in heißer Liebe bald entbrannt.
Auch diese ging dann aus dem Kloster,
drauf lebten beide miteinand'.

Die Ordenstracht, die beide hatten,
legten sie aber niemals ab,
und eines Tages kam ein Bischof,
der schaute auf die zwei herab.

Doch diese stellten sich dem Bischof
nur höhnisch lachend in den Weg.
Ihr Lebensstil passte ihm gar nicht,
drum brachten sie ihn gleich hinweg.

Sie warfen ihn dann in die Lenne,
er sagt' die Zukunft ihnen voraus,
bevor er in den Fluten umkam,
doch beide lachten ihn nur aus.

Ein Unwetter kam darauf plötzlich,
Worauf das Ritterschloss versank.
Pater und Nonne traf der Blitz dann,
und darauf dauert' es nicht lang,
bis beide schließlich dann verwandelt
an Ort und Stelle nun in Stein,
und jetzo bis zum jüngsten Tage
drum ausharren jahraus, jahrein.

Die Umrisse der Burg, die kann man
noch heut', wenn man auf Gott vertraut,
mit Fantasie am Burgberg sehen,
die einst der Pater hat erbaut!

27. Mai 2024

Der Zwerg von Volkringhausen und das Hirtenmädchen

In Volkringhausen in 'ner Höhle,
da wohnte einst ein guter Zwerg.
Dort fand ein Mädchen zierlich Werkzeug,
ein Hämmerchen auf diesem Berg.

Sie legt' es vor die Höhle hin,
und plötzlich stand der Zwerg vor ihr.
Dieser bedankte sich und schenkte
dem Mädchen Schuhe, voll der Zier'.

Das Mädchen war so überrascht,
dass sie zu danken prompt vergaß.
Inzwischen war der Zwerg verschwunden,
sie ärgerte sich über das.

Da wand sie einen Blumenstrauß
von Engelsüß und Tausendschön.
Dann trieb sie ihre Herde heim,
sie konnt' den Zwerg ja nicht mehr seh'n.

Jedoch am nächsten Morgen dann,
da saß sie auf 'nem Fels und sang
sehr frohe Lieder, plötzlich stand
der Zwerg vor ihr minutenlang.

Das Mädchen war ein Hirtenkind,
und sie gefiel dem Zwerglein gar.
Es reicht' ihr einen Silberreif'
Und wünscht' sich Blumen Jahr für Jahr.

Drauf bracht' sie jährlich Blumen hin –
Der Zwerg beschenkte sie stets reich –
Sie legt' sie unter'n Rosendorn,
Wie er es wünschte immer gleich.

Nach sieben Jahren aber dann
wollt' sie in Zwerges Wohnung rein.
Der warnte sie davor und sprach:
„Tu's nicht, es wird dein Unglück sein."

Auf ihrem Will'n bestand sie doch,
Weil Schätze ihr das Herz betört,
Und in die Höhle gingen sie;
Hat auf das Zwerglein nicht gehört.

Im Zauber dieser Unterwelt
Wurd' sie verwirrt von all der Pracht,
sie sah den Zwergenkönig dort
am Throne voller Farbenpracht.

Farbige Lichter spiegelten
an einem wunderschönen See,
ihr eig'nes Bild erblickte sie
im Wasser, fühlt' sich wie 'ne Fee.

Sah Eibenreis in ihrem Haar,
gedacht' der Mutter sie daheim
und ihrer Wiese dort im Tal,
mit lieben Menschen insgeheim.

Wünscht‘ aus der Unterwelt sich fort
und sah bald wieder Sonnenlicht,
sie wurd‘ vom Zwerg zurückgeführt,
erkannte plötzlich ihr Land nicht.

Alles war anders als zuvor,
sie wusste weder aus noch ein,
kein Mensch, den sie traf, kannte sie,
alles verändert, welche Pein.

Und eine alte Frau trat vor,
schloss in den Arm das Hirtenkind,
erzählte, dass man sie gesucht
seit vielen Jahr‘n im Labyrinth.

Erzählte weiter, sagte ihr,
dass Mutter schon verstorben dort,
und auch das Haus, es brannte ab,
Geschwister zogen alle fort.

Das Mädchen dacht‘, am Morgen bin
ich in die Unterwelt hinein,
doch schon am Abend kam ich raus,
da soll‘n viel‘ Jahr‘ vergangen sein?

Da wollt‘ zerspringen ihre Brust,
sie fragt‘ sich, wo ist all die Zeit
verschwunden, als ich nur kurz weg?
Und starb schließlich vor Herzeleid!

29. Mai 2024

LIEDERTEXTE

Man nennt mich Harvey

1. Strophe
Man nennt mich Harvey,
ganz einfach Harvey,
ich bin ein Hase, riesengroß,
und alle Leute,
wie soll ich's sagen,
sie alle finden mich famos.
Ich hab' nur Freunde
und viele Fans,
ich tu' nur Gutes jedermann,
doch manchmal reicht's mir
und ich verschwinde
zu meiner Häsin Rosalinde.

Zwischenteil
Hier darf ich noch Hase sein,
auch ich hab' ein Gefühl,
und hier bin ich glücklich,
heb' mich ab aus dem Gewühl,
momentan – packt's mich dann –
kehre schnell zurück und ich beglücke jedermann!

2. Strophe
An manchen Tagen,
wenn alle fragen,
ob ich auch Glück bring', Geld und Gut,
dann werd' ich traurig
und später zornig,
gerate ziemlich schnell in Wut.
Doch ich hab's leichter

als alle Welt,
denn schließlich kann man mich nicht seh'n,
es geht mir besser
als allen ander'n,
denn ich kann unbehelligt wandern!

Zwischenteil
Wenn es mir zuviel wird,
tröstet mich mein Hasenschatz,
denn bei Rosalinde
ist für mich doch immer Platz.
Hase hin – Hase her –
wir zieh'n mit dem Trend der Zeit und werden immer mehr!

3. Strophe
Instrumental ...
Jetzt gibt's uns vielfach,
oh, welch ein Glück,
in allen Größen, dünn und dick,
nun können alle
zufrieden leben,
und ich kann mich zur Ruh' begeben!

Du hast’s mir angetan

1. Strophe
Mein Leben war stinkfad und grau,
sah mich kaum um nach einer Frau,
doch eines Tages traf ich dich,
du warst ganz außerordentlich.
Du zeigtest mir, was Leben heißt
mit deinem Unternehmungsgeist,
bot’st mir den Arm und sagtest: „Nimm!“
Und plötzlich waren wir ein Team!

Refrain
Du hast’s mir angetan, Du hast’s mir angetan,
stiehlst mit mir Pferde wie ein Mann.
Du hast’s mir angetan, du hast’s mir angetan,
wir sind ein tollkühnes Gespann.
Du hast’s mir angetan, du hast’s mir angetan,
du gibst mir immer neuen Mut.
Du hast’s mir angetan, du hast’s mir angetan,
du bist der Kern in meiner Glut!

2. Strophe
Du hast in mir den Leu geweckt,
so manche Teufelei entdeckt,
von der ich vorher nichts geahnt –
Du hast den Weg für uns gebahnt.
Wir nahmen uns, was uns gefiel.
Wir liebten, stritten – doch mit Stil.
Du bist die Burg und ich dein Held,
ja, uns gehört die ganze Welt!

Refrain
Du hast's mir angetan …

eventuell 3. Strophe
Wir sind wie Bonnie und wie Clyde,
zu jedem Coup sind wir bereit,
wir sind ein Paar wie Kopf und Hals
und auch der Schreck des Erdenballs.
Und treten wir in Aktion
nehmen wir jede Bastion,
frech streben wir dem Ziele zu,
ja, ja, das ist für uns der Clou!

Komm mit mir ins Wunderland

Refrain
Komm' mit mir ins Wunderland, in diese schöne Welt,
hier ist's wie im Paradies, wo's jedermann gefällt.
Komm' mit mir ins Wunderland, voll Frieden und voll Glück,
wenn du einmal drinnen warst, willst du nie mehr zurück!

1. Strophe
Hier bist du frei, hier geht's dir gut,
und es verlässt dich sicher niemals mehr der Mut.
Ich war schon dort, drum glaube mir,
wenn du's geseh'n hast, bleibst du sicherlich gern hier:
und darum

Refrain
Komm' mit mir ...

2. Strophe
Drum nimm dir Zeit und komm' doch mit,
lass dich verwöhnen hier auf jedem Schritt und Tritt,
und viel Musik umschmeichelt dich,
du wirst's genießen, sie erklingt für dich und mich:
und darum:

Refrain
Komm' mit mir ...

14.10.2008

Auf zum Karneval

1. Strophe
Auf zum Karneval ins ferne Rio,
denn ich wär’ auch gern einmal dabei,
wo die Sonne strahlt, o sole mio,
meinem Alltag sage ich Goodbye.
Komm, mein Liebster, komm, lass’ uns verrückt sein,
Südamerika, wir sind bald hier,
und wir schwingen dort vergnügt das Tanzbein
voller Lebenslust, das sag’ ich dir!

2. Strophe
Lass die Zwänge fall’n, wähl’ eine Rolle,
denn Theater spielt man allezeit,
es gibt Freiheit hier, keine Kontrolle,
keine Bösewichter weit und breit.
Schau, mein Liebster, all die schönen Mädchen,
sie bewegen sich nach der Musik,
jeder Mensch ist hier ein kleines Rädchen
und gemeinsam dann ein Mosaik!

Zwischenteil
Wir sind so glücklich in Rio,
so glücklich wie niemals vorher,
und unsere Liebe erblüht auf‘s Neue jeden Tag,
ja, wir genießen die Süße der Liebe, als ob sie neu wär'.
zu jedem Kuss ertönt für uns ein Glockenschlag.

3. Strophe
Unsere Einsamkeit hat nun ein Ende,
graue Alltagssorgen zählen nicht mehr,
denn die Fröhlichkeit ist hier Legende,
„Wir im Mittelpunkt“ gefällt mir sehr.
Einmal närrisch tun und einmal Clown sein
und dazugehören, narrengleich,
hier in Rio lebt man im Bewusstsein,
alle sind hier gleich, ob arm, ob reich!

Fahr‘ mit ‘nem Ringelspiel

1. Strophe
Ich hab’ ein Auto, nicht zu klein,
und hab’ dazu ‘nen Führerschein,
Ich fahr’ vernünftig und normal,
steig selten stark auf’s Gaspedal.
Doch wenn sich einer vor mir schleicht,
den überhol’ ich kinderleicht,
und regt sich der vielleicht dann auf,
sag ich, mein Lieber, du, pass auf:

Refrain
Fahr mit ‘nem Ringelspiel,
da kann dich keiner überhol’n.
Fahr mit ‘nem Ringelspiel,
das hab ich jedem noch empfohl’n.
Fahr mit ‘nem Ringelspiel,
dann bist als Erster dann am Ziel.
Fahr mit ‘nem Ringelspiel,
doch, Alter, ich fahr’, wie ich will!

2. Strophe:
Ich bin die Rücksicht in Person,
wenn einer hupt, dann steh’ ich schon,
fahr an den Straßenrand und wart’,
lass ihn vorbei und läch’l zart.
Doch tippt sich der dann auf die Stirn,
das steigt mir wirklich gleich in’s Hirn.
Ich krieg’ ‘ne Wut und fahr ihm nach,
ruf ihm dann zu, und das nicht schwach:

Refrain
Fahr mit ‘nem Ringelspiel ...

3. Strophe
instrumental...
Ich fahr‘ ja wirklich elegant,
bin meistens freundlich und charmant,
doch nervt mich einer hemmungslos,
dem sag‘s hinein ich rigoros:

Refrain
Fahr mit ‘nem Ringelspiel ...

Denkt an die Kinder dieser Welt

1. Strophe
Immer wird gekämpft auf dieser Welt,
immer gibt es Kriege,
Mancher weiß nicht mal, wofür er stirbt,
kommt nicht mehr nach Haus'.
Nicht einmal die Starken uns'rer Zeit
denken an die Liebe,
Denn im Weltgetriebe kennt sich kaum ein Mensch mehr aus:

Refrain
Denkt an die Kinder dieser Welt und an die Frauen,
Werft eure Waffen weg und geht nach Haus'.
Übt euch in Liebe, Toleranz und in Vertrauen,
Dann gibt's für alle – die beste Chance!

2. Strophe
Hunger gibt's, wohin man auch nur schaut,
Tränen der Verzweiflung,
Menschen treibt es fort von überall,
wo Gewalt regiert.
Alle ihre Träume sind dahin,
Jeder lebt in Hoffnung,
dass der nächste Friedensschluss die Freiheit garantiert;

Refrain
Denkt an die Kinder dieser Welt ...

Der Storch

1. Strophe
Ich bin der Storch,
der Klapperstorch,
und alle Frau'n,
die sehnen sich nach mir,
flieg' um die Welt,
wie's mir gefällt,
und ruft mich eine, dann besorge ich es ihr:

Refrain
Klapp – klapp, klapp,
bin auf dem Weg zu dir,
Sei bereit,
Hier kommt dein Kavalier.
Klapp – klapp, klapp,
ich zwick' dich jetzt ins Bein,
am Ende wirst du dann
sehr glücklich sein!

2. Strophe
Drum sei gescheit
und nimm' dir Zeit,
wenn du mich brauchst,
dann gib' mir doch Bescheid.
Die Liebe ist
das höchste Gut,
Probier's doch aus und du wirst seh'n, wie gut das tut:

Refrain:
Klapp - klapp, klapp, ...

The time is out of joint

1. Strophe
Vor langer Zeit erfand der Mensch das erste Rad,
das war doch wahrlich eine große Heldentat,
und es war wirklich allerhand,
wie schnell der erste Wagen stand,
wie angenehm
und wie bequem,
konziliant!
Ja, und so ging es Schlag auf Schlag in einem fort,
und man verlegte sich auf Handel und Transport,
der Mensch beherrschte seine Welt,
er war der Star am Himmelszelt,
und man erfand,
wie elegant,
bald auch das Geld!
The time was out of joint,
the time was out of joint!

2. Strophe
Und die Jahrtausende vergingen wie im Flug,
die Menschen dachten, sie wär'n alle überklug,
und sie vergriffen sich am Tier,
sie nahmen alles ins Visier.
Der Mensch war nie,
welch' Blasphemie,
ein Kavalier!
Im Universum hat der Mensch heut' viel Gewicht,
doch nur solange die Natur nicht mit uns bricht,
denn bald schon könnt' es so weit sein,
und keiner wird uns dann verzeih'n.

Drum nehmt euch Zeit
und seid bereit
für das Bereu'n!
The time is out of joint,
the time is out of joint!

3. Strophe
Doch, siehe da, der Mensch macht alles wieder gut,
das gibt so manchem von uns wieder neuen Mut,
er schützt die Tiere und den Wald,
behütet Schwache, jung und alt,
beweist Kultur,
doch ich glaub's nur mit Vorbehalt!
Es greift ein neues Denken immer mehr um sich,
und man verspricht dem ander'n manches feierlich.
Man hält das Temp'rament im Zaum,
und alles glänzt, man glaubt es kaum,
und man fragt sich,
genau wie ich:
„Ist's nur ein Traum?"
(Sprechen!!!)
The time is out of joint,
the time is out of joint,
the time ...!

DIE BEKANNTESTEN INDIANERSTÄMME NORDAMERIKAS

Die Irokesen

Die Irokesen-Indianer,
sechs Stämme sind davon bekannt,
in Nordamerika, sie lebten,
Hunderte Jahre schon im Land.

Die Weißen wollten sie vertreiben,
grausame Kriege fingen an
zwischen den Stämmen, doch der Häuptling
Deganawidah einte sie sodann.

Franzosen, Niederländer kamen
dann kurz darauf in dies' Gebiet,
Wollten zuerst mit Pelzen handeln,
Franzosen aber war'n perfid,
brachen die Irokesen um,
sehr viele starben in der Schlacht,
der Rest verbündete sich dann
mit den Briten über Nacht.
Und dann, im siebenjährigen Krieg,
kämpften sie mit den Briten gleich,
Geg'n die Franzosen – Briten treu –
Besiegten diese, listenreich.

Und nach der Unabhängigkeit
des Krieges in Amerika
zogen sie in ein Reservat,
im selben Land, ja ebenda.

Wie lebten Irokesen denn,
zuvor und schließlich auch danach?
In kleinem Dorf und Langhäusern
lebt' je ein Clan dann hinterher.

Besonders war, dass nicht ein Mann
der Anführer der Gruppe war,
sondern das Oberhaupt der Clans
war eine Frau unanfechtbar.
Die Frau'n bestimmten vieles mit
in ihrer Irokesenwelt,
und Häuptling, das war zwar ein Mann,
doch wurd' er nur von Frau'n gewählt.

Diese bestimmten alles fast
in ihren Dörfern allemal,
die Männer zogen auf die Jagd,
das war in jedem Haus der Fall.

Im Herbst zogen die Männer
in die Wälder bis zum Winter dann,
brachte die Beute dann ins Dorf,
damit war ihre Pflicht getan.

Als Waffen, da gebrauchten sie
Äxte und Keulen vorerst nur,
später bekamen sie Gewehre
für diese blut'ge Prozedur.
Die Europäer brachten sie.
Man bildete dann Krieger aus –
einfacher war das Jagen nun –
das freut' die Krieger überaus.

Haare der Krieger wurden dann
links-rechts des Hauptes abrasiert. –
Heut' heißt das „Irokesenschnitt",
man hat sich so emanzipiert,
weil einst kein Indianerstamm
Mitte des Kopf's nur Haare hatt',
drum konnte man erkennen sie,
denn diese Haartracht hat Format. –

Wenn heut' man durch die Lande zieht –
und offenbar vergeht das nie –
's gibt „Irokesen" heute noch,
Auch in Europa sieht man sie!

Die Apachen

Ureinwohner Amerikas,
Völker des Nordens kurz genannt,
wanderten ein vom Rand der Arktis
über die Rocky Mountains in das Land.

Sie trafen auf die Europäer,
die Spanier als Erste dann,
und diese brachten ihnen Pferde,
zum Reitervolke wurde man.

Sie plünderten und legten Feuer
in fremden Siedlungen sogar,
wurden von allen sehr gefürchtet,
so ging es fort dann Jahr für Jahr.

Man hielt dadurch die Siedler fern,
die Weißen dann für lange Zeit,
denn ihr Gebiet war ihnen heilig,
Sie war'n immer zum Kampf bereit.

Und erst im 19. Jahrhundert
gelang es schließlich der Armee,
Apachen-Land dann zu erobern,
doch wehrten die sich eh und je,
zunächst erfolgreich, später dann
wurden sie schließlich doch besiegt,
Geronimo, der Häuptling war,
nahm man gefangen beim Konflikt.

In Reservate mussten sie,
sie richteten sich dort so ein,
nach ihren Regeln dann zu leben,
wie sie's gewohnt jahraus jahrein.

Ihr frühes Leben prägte ihr
Nomadentum gemeinschaftlich,
kein festes Zuhause hatten sie,
sie lebten abenteuerlich.
Zogen der Beute hinterher,
jagten die Tiere der Prärie,
Bisons, Kojoten, Reh und Fuchs,
und hungern mussten sie drum nie.

Sie lebten in Gemeinschaften,
und Gotha wurden die genannt,
geführt immer von einer Frau
im ganzen Indianerland.

An Gottheiten glaubten sie auch
und Geisterwesen, bös' und gut,
Ussen, so hieß der höchste Gott,
er schuf die Welt, gab ihnen Mut.

Und an 'ne unsichtbare Kraft
mit Einfluss glaubten sie ja auch,
alles, was in der Welt passiert,
floss schließlich ein in ihren Brauch,.
Die Lebewesen so zu seh'n;
in jedem Ding auf dieser Welt
Steckten die Kräfte, unsichtbar,
behütet unter'm Sternenzelt!

7. Juni 2024

Die Cherokee

Das größte Indianervolk
in Nordamerika bis heut'
sind Cherokee, auch Tsalagi,
über den Kontinent verstreut.

Lebten in Georgia, Tennessee
und anderen Ländern weit und breit,
kannten die Europäer dann zuerst
und waren friedlich allezeit.

Um 1830 dann
Nahm man ihnen die Heimat weg.
Der Weiße Mann besiedelte
jetzt schließlich dorten jeden Fleck.

So sollte wegzieh'n jeder Stamm,
Cherokee starben auf dem Weg,
der Rest, er wurde schlecht versorgt
von Weißen Siedlern zum Selbstzweck.

Der „Pfad der Tränen" wurd' genannt
dann später voller Traurigkeit
der Weg, den man nun gehen musste,
doch ihn ertrug mit Tapferkeit.

'Ne eig'ne Sprache hatten sie
samt Dialekten, sehr gewieft,
denn ein Cherokee von dem Stamm
erfand auch eine eig'ne Schrift.

Und Religion der Cherokee
hat viel mit der Natur zu tun,
oberste Göttin war die Sonn',
auch Mond und Fluss waren es nun.

Der Rauch des Feuers, glaubten sie,
steigt auf zum Himmel und er bringt
ihre Gebete dann zu Gott
ins Paradies, das ihnen winkt!

7. Juni 2024

Die Sioux

In Zelten lebten die Sioux,
sie hießen Tipi, widerstanden
stürmischen Winden in der Zeit,
man hielt sich auf in Steppenlanden,
zog immer weiter Jahr für Jahr,
baute die Zelte wieder auf
In einer neuen Gegend dann,
die Zeiten nahmen ihren Lauf.

Die Nahrungsquelle war der Bison,
das Fleisch, und schließlich aus der Haut
macht' Windeln für die Babys man,
und Tipis hat man auch gebaut.

Jagten auch Gabelböcke, Hirsche,
Kaninchen und auch Stachelschwein,
und man benutzte Pfeil und Bogen,
man jagte damals querfeldein.

Dies alles in den Reservaten,
in denen lebte man zuletzt,
und früher tat man's so wie heute,
die Freiheit hatte man geschätzt.
Doch diese gab's jetzt nimmermehr,
damals hatt' man noch selbst gewählt,
wie man gerade leben wollt'
in ihrer Indianerwelt.

Die Männer waren sehr angeseh'n,
dann wenn sie mutig war'n und weis',
Großzügigkeit wurd' auch geschätzt
von allen Menschen in dem Kreis.
Als mutig galt besonders man,
wenn man erobert hatt' ein Pferd,
Und auch der Skalp von einem Feind
war ihnen damals sehr viel wert.

Die Frauen waren sehr geschickt
und übten sich in Handarbeit.
Wenn's darauf ankam, waren sie
auch für ihr Volk stets kampfbereit.

Bison und Braunbär waren heilig;
Wakan geheimnisvolle Kraft,
die über's Universum herrschte
und diese Welt einst hatt' erschafft.

In früher Zeit lebten die Sioux
ganz nahe bei den großen Seen,
ein andres Volk hatt' sie vertrieben,
mussten dann schweren Herzens geh'n.

Und später dann drangen die Weißen
in das Gebiet der Sioux ein,
suchten nach Gold, ohne zu fragen,
worauf es Krieg gab hinterdrein.

General Custer in der Schlacht
wurd' von den Sioux zwar besiegt,
doch die Armee, die schlug zurück,
und sie verloren dann den Krieg.

Ihr Häuptling Sitting Bull wollt' nicht
wieder in Reservate geh'n,
Armee ermordete viele Sioux,
töteten Sitting Bull im Handumdreh'n.
Im Jahre 1890 war's,
als Sitting Bull ums Leben kam. –
Die Sioux gaben dann klein bei,
Und weg zog dann der ganze Stamm!

8. Juni 2024

AUS MEINER ZEIT ALS DIREKTOR EINER MUSIKSCHULE

IM FOKUS: UNSER KOLLEGE, DER KONZERTPIANIST FERDINAND M.

_ _·_ _·_ _·_ _·_ _·_ _·_ _·_ _·_ _·__

Fällt mir heute denn nichts ein -
Frag‘ ich mich ganz allgemein,
und ich grüble, denke nach –
ja, jetzt hab ich's, ich lieg' flach.

Einer, den ein jeder kennt,
der oft in der Schule pennt,
wenn er keine Kundschaft hat.
Aber sonst ist er auf Draht!

Redet wie ein Wasserfall,
hundertfach und tausendmal
schildert er uns seine Not;
seine Gitti sieht oft rot!

Diese hat auch einen Sohn,
Rainer heißt dieser Patron,
spielt mit Autos, dieser Fratz,
hat ‚nen eig‘nen Autoplatz.

Immer wieder kurvt er um,
unser F., das Unikum,
fährt auch oft im Jaguar
durch die kleine Stadt sogar.

Neuerdings ist er zu zweit,
wird ihm nachg‘sagt weit und breit,
er spielt vierhändig Klavier,
übt für Holland wie ein Tier.

„An die Arbeit“, heißt sein Spruch,
der verfolgt ihn wie ein Fluch.
„Meine Lieben“, sagt er oft,
wenn er auf ein Küsschen hofft!

Nun, fällt euch jetzt endlich ein,
wen ich wirklich hiermit mein‘?
Er übt fleißig Stund‘ für Stund‘,
und dies wird ihm nie zu bunt.

Dieser Tropf – kennt ihr ihn schon? –
hat Geburtstag. Drum als Lohn –
noch ganz schnell, bevor er hinn‘ –
schenken wir Neurosen ihm!

Erklärung: Reiht man die Anfangsbuchstaben jeder Strophe hintereinander, so ergibt das den Namen der Person, die hier gemeint ist …!

9. Dezember 2004

Schulschluss 2004/2005

Das Jahr neigt sich dem Ende zu
und älter werden wir im Nu!

Der Michael den „Kampl“ spielt
und rauft sich seine Haare wild.
Mit Langhaar sieht er älter aus,
weit über 50, welch ein Graus.
Die Pension ist nicht mehr weit,
er freut sich auf viel freie Zeit!

Gerlinde hat schon einen Sohn,
wird alle Tage älter schon,
raucht schon Zigarren wie ein Mann
und trinkt auch Bier, soviel er kann.
Die Mutter beißt ihn aber nicht,
sie liebt den Pauli, diesen Wicht,
wenngleich er sie viel älter macht –
hatte sie heimlich sich gedacht!

Die Susi liebt die Geige sehr,
doch wirkt sie träger als bisher,
zeigt aber auf dem Instrument
doch noch ein wenig Temp‘rament.
Die linke Schulter hängt bereits.
„Ja, ja“, sagt sie, „ich hab‘s im Kreuz.“
Die Lebensjahre geh‘n vorbei
und bald ist Schluss mit Fidelei!

Und Eva fühlt sich noch sehr jung,
glaubt, ihre Schüler bringen Schwung,
sie singt und spielt und macht Musik,
davon wird man bestimmt nicht dick.
Bauchtanzen geht sie nun sehr oft,
weil sie dann jung bleibt, wie sie hofft.
Jedoch auch sie spürt manchmal schon
das Zipperlein. Dies ist der Lohn!

Der Werner ist bald 60 Jahr,
geht fast am Stock, er hatscht sogar.
Doch kurze Haare möbeln auf,
sieht jünger aus, trotz dem Geschnauf,
das er beim Stiegensteigen macht,
lang dauert's nimmer. Gute Nacht!

Doch FERDINAND betrachtet dies
mit Schadenfreude, oh wie mies.
Spricht ab sofort nur noch von sich
und fühlt sich wahrhaft königlich.
Er meint: „Seht alle mich mal an,
ein ganz besonderer junger Mann.
Genieß' das Leben, wie es ist,
und hab' noch eine lange Frist,
bis mich einmal der Teufel holt."
Er jauchzt dabei und grölt und johlt.
„Ihr alle", sagt er, „lasst mich kalt,
denn ihr, ihr wart schon immer alt.
Ihr Greise, Mütterchen, alte Hex' –
bedenkt, ich wird' schon 106!!!"

Und schließlich mit ‚nem „Gott sei Dank"
setzt er gemächlich sich in Gang!

8. Juni 2005

Michaels Alptraum

Ein Schultag ohne FERDINAND
bringt Michael um den Verstand.
Er bockt und sagt: „Ich halt‘s nicht aus,
der liebe Ferdi bleibt heut‘ z‘Haus!
Da freut‘s mich aber wirklich nicht,
denn Ferdi, der ist ein Gedicht.
Ich lern' von ihm ja wirklich viel,
denn er, er musiziert mit Stil.

In dreißig Jahren wird‘ ich dann
wohl auch so gut sein wie der Mann.
Jedoch bedenkt, nach dieser Zeit
ist Ferdinand schon doppelt weit.
Ich weiß nicht, was ich machen soll ...
... ein Instrument ist doch ganz toll ...
Saugeige wird‘ ich also spiel‘n
und mich dabei wie Ferdi fühl‘n!“

Und siehe da, nach einem Jahr
Spiel‘n beide im Theater gar ...

Die Geig‘n spielt Michi mit Know-how
und unser Ferdi spielt die Sau!

9. Juni 2005

11 Tage Trauer

11 Tage ohne FERDINAND,
den Werner bringt's um den Verstand,
die Susi spricht, den Tränen nah:
„Der Ferdi ist ja gar nicht da!“
Gerlinde denkt ans Ende gar,
der Ferdi fehlt ihr so – fürwahr.
Und Eva schweigt den ganzen Tag,
weil sie den Ferdl ja so mag,
geht in der Klasse hin und her,
läuft auch im Kreis, was will man mehr?
Sie ist in Ferdi so verknallt,
vergisst darum ihr‘n Andi bald.
Da schaltet Susi sich gleich ein
und sagt: „Der Ferdl, der ist mein!“
Gerlinde denkt an Ferdl nur,
an‘s Unterrichten keine Spur. –

Doch Ferdl hat auch einen Klon,
das ist der Michl, wisst ihr‘s schon?
Ja, er vertritt den Ferdinand
und geht euch allen gern zur Hand.
Drum liebt auch ihn, ich fleh' euch an,
ein ganz klein wenig, diesen Mann. –

Bald ist der Ferdl wieder da,
und alle rufen laut: „Hurra!“
Wir freu'n uns alle auf den Wicht –
Nun ist es auch mit dem Gedicht!

27. Oktober 2005

Herr Klavierrat

Herr KLAVIERRAT – welch Malheur –
braucht zum Spiel'n einen Souffleur,
gibt sich wie ein Amateur –
draußen wartet sein Chauffeur –
spielt wie ein Klavier-Monteur
und er braucht auch ,nen Friseur,
wirkt wie ein Provokateur,
sieht im Saal 'nen Redakteur,
führt sich auf wie ein Dompteur,
ein drittklassiger Jongleur –
fühlt sich wie ein Grandseigneur,
ist sein eigener Regisseur.
Nun – erkennt ihr den Akteur?

FERDINÁND MAYÉRHOFEUR!!!

10. Dezember 2005

Ein Konzert in Holland

FERDINAND,
Niederland‘,
Kübel zur Hand!

Von Händel ein Stück,
Wassermusik,
x-te Replik!

Bühne ganz nass,
Ferdi macht‘s Spaß,
quatscht irgendwas!

Bei Feuersbrunst
Wasser verdunst‘ –
dies nennt er Kunst!

6. April,
Publikum still,
wie‘s Ferdl will.

Finger verstaucht,
Ferdl geschlaucht,
Publikum raucht.

Tigert Klavier,
spielt wie ein Tier,
dann trinkt er Bier.

Mann am Klavier
braucht doch ein Bier,
drum ist er hier.

Ferdinand probt,
Publikum tobt,
jeder ihn lobt!

Fachleute da
rufen „Hurra“, –
noch einmal – ja!

Ferdl haut rein,
Weiber, die schrei‘n,
Kultur muss sein!

Händel-Geripppe
mit Vogelgrippe
für diese Sippe!

Man protestiert,
Ferdl rotiert
ganz ungeniert.

Ergreift die Flucht,
Flug ist gebucht –
Schule besucht.

Ferdinand strahlt,
und wie er prahlt,
Luftschlösser malt!

Uns frisst der Neid,
sind nicht so weit
und nicht so g‘scheit!

Wir tun ihm leid!!!

10. April 2006

Ein musikalischer Allrounder

Trommel, Glocke, Helikon –
wer beherrscht dies alles schon –
und dies noch zur gleichen Zeit,
zum Genie ist's da nicht weit.
Gibt hier ein Privatkonzert,
bravourös, beachtenswert!

Und die Damen sind entzückt;
Interpret ist weltentrückt
lebt nur mehr für die Musik,
bringt ein Liedermosaik.

Trommelwirbel stundenlang,
Tubabrummen, Glockenklang,
Beckenzischen hell und klar –
er spielt meisterlich fürwahr.

Dieser tolle Musikant,
das ist unser FERDINAND!

1. Mai 2006

Im Mozart-Jahr

FERDL'S Gitti am Klavier –
ein ganz geiles Tastentier –
blickt auf Ferdinands Portrait
und tut seinen Ohren weh'.
Ferdl's Bild hängt an der Wand,
observiert der Gitti Hand,
und sie tigert sich hinein,
spielt Klavier so wie ein Schwein.
Fehlerhaft und dissonant,
es ist wahrlich allerhand
zuzuhör'n dem bösen Spiel.
Ferdinand wird's schon zu viel.
Folglich betet er ganz schnell:
„Gott, zerplatz' mein Trommelfell,
dass ich nicht mehr hören muss
diesen atonalen Stuss!"
Und er weint ganz bitterlich;
Gott nimmt schließlich ihn zu sich!

Unisono-Kommentar:
„Eine Schand' im Mozart-Jahr!!!"

4. Februar 2006

Der Knabe FERDINAND

Zur Weihnacht war's, als unser Ferdinand sich freute sehr.
Bekam er doch manch‘ Instrument;
na ja, er hat ja auch Talent!
Trompete, Trommel liebt er heiß,
nur spielt er nie und nimmer leis‘.
Und auf der Ziehharmonika
spielt er nichts als die Tonika.

So ging das weiter Tag für Tag,
auf Vater er nicht hören mag,
denn dieser hatte bald genug
von diesem grauslichen Humbug.
Hatt‘ er die Zeitung in der Hand,
kam Ferdl schon herbeigerannt
und gab ein grässliches Konzert,
was Vater eine Nuss war wert.
Klein-Ferdi störte dies je kaum,
drum hängt ihn Vater auf ‘nen Baum,
das heißt, ein Luster war ihm Raum,
des schlimmen Ferdl‘s Schicksalsbaum. --

Ja, schließlich war dann endlich Ruh‘,
der Vater war beglückt im Nu.
Und Ferdl auf dem Luster ward –
er bettelte, doch Paps blieb hart.

Und die Moral von der Geschicht‘:
Stör‘ Paps beim Zeitunglesen nicht,
sonst könnt‘s auch dir wie Ferdl geh‘n!!! ---
Für Vater ist's jetzt wunderschön …

9. Jänner 2007

FERDLS Kolleginnen in Holland

Warum schleicht FERDINAND davon?
Das fragt sich der Betrachter schon.
Hat er dazu auch einen Grund,
zu wirken wie ein geschlagener Hund? --
Ach ja, jetzt fällt es mir doch ein,
dies wird bestimmt in Holland sein.
Susanne spielt jetzt SEIN Konzert,
auch Nicola ist sehr begehrt.
Die beiden fiedeln, streichen, sägen,
sie sind dem Ferdi überlegen.
Zumindest bilden sie sich's ein.
Für Holland ist's ein Meilenstein,
wie Susis Geige wird zersägt,
und Nicola ganz unentwegt
von Susis Vortrag ganz beseelt
auf ihrem Cello Saiten quält. --

Ob's Gage gibt am Schluss sodann?
Die Susi hat die Chance vertan;
doch uns're wack're Nicola
kriegt Kräuterdrops von Ricola.
Sie rettete noch das Konzert! –
Ja, Holland ist 'ne Reise wert!

Und nächstes Jahr geht's in die Schweiz,
denn Käse hat dort seinen Reiz. –

Verachtet mir die Meister nicht! ---
Das ist das Ende vom Gedicht!!!!!!!!

19. Februar 2008

FERDLS Freund

Ein schon älterer Trompeter,
schaut – hier an der Ecke steht er,
die Trompete nicht dabei,
Tochter's Geige (Schlamperei),
hat er dafür mitgebracht,
sie alsbald kaputtgemacht.

So, jetzt streicht er seinen Bart,
kommt dabei ganz schön in Fahrt,
Geld füllt langsam seinen Hut,
und das macht ihm wirklich Mut.

Während er so streicht und streicht
sich ein Amtmann zu ihm schleicht.
Vom Finanzamt ist der Tropf,
hat doch Steuern nur im Kopf,
nimmt sich Geld vom Hut heraus.
Künstler denkt sich: Ei der Daus,
abgestiert wird hier im Land
auch ein Straßenmusikant?! –

Schicksal nimmt nun seinen Lauf,
traurig gibt er schließlich auf,
packt die sieben Zwetschken ein,
freut sich schon sehr auf Daheim,
schwört sich, nie mehr hier zu spiel‘n –
‘s lässt sich kein Gewinn erziel‘n.

Eilt sodann im Sauseschritt
flugs nach Haus‘ – und lebt solid!!!

6. Mai 2008

Meine komponierenden Kolleg(inn)en

Susi, die Orchesterchefin
komponiert mit sehr viel Liebe,
und ihr vorerst letzter Streich
ist das Traumbild „Saitenhiebe“.

Nicola, sie schwärmt für Blues,
ja, sie ist ein Genius,
schrieb für Thomas, ihren Mann,
jetzt den Blues vom „Cellophan“.

FERDINAND ist Schubert-Fan,
denn auch seine Lieder fleh‘n,
schuf, während er Riegel schlemmte,
kurzerhand „Die Unverschämte“.

Gerli singt und trinkt gern Wein,
dabei fällt ihr manches ein.
Hat im Kopf sie Wirbelsturm,
bastelt sie am „Stimmbandwurm“.

Eva hat es mit den Kleinen –
wenn sie manchmal auch gleich weinen –
und gibt es mal ‚ne Parade,
klingt die „Windelserenade“.

Michl produziert ja auch
manches Werk aus seinem Bauch.
Kürzlich sagte er ganz barsch:
„Ich erfand den FERDL-Marsch!“

26. November 2008

„.......“

Neue Besen kehren gut!?
Damit hab‘ ich nichts am Hut;
doch in ‚nem besonderen Fall
sag‘ ich: Das stimmt allemal!

Ist doch unsere neue Kraft
voller Euphorie und Saft,
unterrichtet schon ein Jahr
drei verschiedene Dinge gar:

Cello streicht sie virtuos,
FERDL fragt: „Wie macht sie‘s bloß?“
Spielt auch Saxophon sodann
und nimmt sich des Rhythmus‘ an.

Ohne sie wär' unser Club
nicht komplett, sie gibt uns Schub.
Susi, die „Orchesterin“,
freut's besonders; das macht Sinn!

Leider kommt sie nur einmal
in der Woche – uns zur Qual.
Wisst ihr jetzt schon, wen ich mein‘?
Schaltet eure Hirne ein.

Anfänglich bei jeder Stroph‘
steht ein Buchstab‘. Seid nicht doof,
lest ihr diese vertikal,
wisst ihr‘s dann mit einem Mal!

19. Februar 2009

Verrat – Verrat – Verrat

Wenn Ferdinand die Muse küsst
verfällt er in Entzücken,
er wär’ so gerne Pianist,
möcht’ alle uns beglücken.

Nur eines ist ihm noch nicht klar:
Was ist denn ein Klavier?
Wie sieht es aus, dies Exemplar,
ist es vielleicht ein Tier?

Er geht der Sache auf den Grund,
fragt alle frei heraus,
bis schließlich aus beruf’nem Mund
er hört: Das bringt der Nikolaus!

Aha, denkt er, aus Schokolad’
ist dieses Ding, na klar,
und er fragt Susi akkurat:
Schmeckt das denn wunderbar?

Susi gibt ihm ein Rätsel auf:
Drei Beine hat das Ding.
und Gerli gibt ihr’n Senf darauf:
Denk’ nach, du Kümmerling!

Drum grübelt unser Ferdinand,
er weiß sich keinen Rat
und wittert schließlich kurzerhand:
Verrat – Verrat – Verrat!

Die Damen amüsieren sich,
denn sie sind eingeweiht
und freu'n sich beide inniglich
auf ihre Arbeitszeit.

Ein Gönner zaubert aus dem Hut
in seiner Güte, väterlich,
ein Pianino, oh wie gut,
ganz neu, ja königlich!

Jetzt dämmert es dem Ferdl schier:
Das ist ein Instrument.
Er brüllt: „Der Fachmann bin ICH hier,
verflucht und zapperment!"

Die Mädchen klär'n ihn schließlich auf:
„Wir hab'n dich nicht gefragt,
wir haben auch das Recht darauf,
wenn's gleich dir nicht behagt.
Man liefert uns demnächst ins Haus
Ein Pianino, neu und fein,
Nein, es bringt nicht der Nikolaus –
Wir kaufen's einfach ein!
Drum freu' auch du dich, lieber Mann,
auch du kommst an die Reih',
darauf zu spielen irgendwann.
Sei froh und leg' ein Ei!!!!

19. November 2009

BAUERNGESCHICHTEN

Auf der Weide

Auf der Weide hat der Bauer
seiner Bäuerin gezeigt,
wie ein Bulle frohen Mutes
seine Lieblingskuh besteigt.

Hinterfotzig sagt der Bauer,
das würd' auch gern machen er.
Seine Frau, die reagiert drauf,
und sie meinte hinterher:
„Ich verstehe deinen Wunsch schon,
mach' es doch und gib dir Mühe,
schließlich bist DU hier der Bauer,
und es sind ja deine Kühe!"

11. Mai 2024

Der Zuchtstier

Seinen Zuchtstier spannt' der Bauer
eines Tages vor den Pflug.
Urlauber kommt grad des Weges,
der darauf den Bauern frug:
„Warum nehmen's nicht den Traktor,
so wie's jeder heute macht?",
denn das Tier würd' sich ja plagen,
hat der Urlauber gedacht.

Bauer: „Das verwöhnte Biest
soll auch seh'n, was Arbeit heißt.
Darum muss heute er ackern,
denn zu gut geht es ihm meist.
Sonst steht er ja auf der Weide,
stolz wie eine Majestät,
soll begreifen, dass das Leben
ja nicht nur aus Sex besteht!"

11. Mai 2024

Schweine im Winter

Winter war, s‘gab große Kälte,
Schweine froren sehr im Stall,
Daraufhin beschloss der Bauer,
sie zu schützen vor der Qual.

Fragt daraufhin seine Bäuerin,
ob sie was dagegen hat,
wenn er diese in das Haus holt,
in ‘ne Ecke separat,
denn sie brauchen auch die Wärme,
weil der Winter gar so kalt;
damit sie sich nicht erkälten
sollt’ geschehen es alsbald.

Seine Frau fängt an zu stöhnen,
sagt: „Denk’ doch an den Gestank!“
Drauf der Bauer sie beschwichtigt
und auf ihr Verständnis drang.
Bauer: „Ich hol’ jetzt die Viecher,
und hör’ endlich auf zu stöhnen.
Ich bin sicher, uns’re Schweine
werden sich schon dran gewöhnen!“

11. Mai 2024

Der Schäfer

Bauer schaute seinem Schäfer
just beim Schafescheren zu,
und er hört' dabei, wie dieser
immer spricht bei dem Getu'.

Darum fragte er den Schäfer,
warum dieser dauernd spricht,
während er die Schafe schert;
denkt: Der ist ja nicht ganz dicht.

Schäfer sagt': „Entschuldigung,
hoffe, dass ich sie nicht stör',
wenn ich einred' auf die Schafe;
ich war nämlich mal Frisör!"

11. Mai 2024

Die Kartoffeln

Ein Bauer saß am Stammtisch einst,
starrt' vor sich hin, hat ein Problem,
und seine Freunde fragten ihn,
worüber er sich grade gräm'?

Jetzt sagt er: „Ich war auf ‘ner Kur,
hab' meine Knechte instruiert,
was sie tun sollten in der Zeit,
und jetzt, jetzt bin ich ruiniert.

Die Hälfte der Kartoffeln sollten
sie bringen auf den Bauernmarkt,
die andre Hälfte würde dann
bei mir am Bauernhof geparkt!“

„Na und“, fragt einer, „was geschah,
Haben die Knechte sich zerstritten?“
„Die Idioten“, sagt der Bauer,
„die hab'n sie alle durchgeschnitten!“

11. Mai 2024

Der Hahn

„Dein Hahn taugt nichts mehr für die Hennen“,
das sagt der Bauer Nummer 1.
Und Bauer Nummer 2, der meint drauf:
„Mein Federvieh ist ja nicht deins!
Und außerdem, wie willst du wissen,
was mein Hahn wirklich alles kann,
du kennst ihn nicht mal, also red’ nicht,
lass mir das über, lieber Mann!“

Doch Bauer 1, der lässt nicht locker
und sagt zu ihm: „Ich weiß es doch,
ich kenn’ den Hahn ja von der Straße,
als dieser mir vor’s Auto kroch.
Ich hab verrissen meinen Wagen,
wollt’ vor dem Sterben ihn bewahr’n,
doch er blieb einfach frech dort sitzen,
da habe ich ihn überfahr’n!“

11. Mai 2024

Die Stange

Ein Urlauber kommt eines Tag's
An einem Bauernhof vorbei,
erkundigt sich beim Bauern gleich,
ob bei ihm wär' ein Zimmer frei.

„Ja“, sagt der Bauer, „kommen's rein,
Ein Zimmer habe ich für Sie –
Sie schau'n ja ziemlich müde aus –
ganz oben auf der Galerie.“

Der Urlauber geht früh zu Bett,
am nächsten Morgen schreckt er auf,
mit Schlafen ist es nun vorbei,
er hört schon tierisches Geschnauf'.

Vor allem die Hühner gackern laut,
drum fragt den Bauern er sofort,
warum die aufsteh'n schon so früh
an diesem an sich ruhigen Ort.

Der Bauer antwortet drauf dies:
„Ich weiß das ja schon sehr, sehr lange,
nur, schlafen sie doch auch einmal
die ganze Nacht auf einer Stange!“

16. Mai 2024

Die Sonntagsrunde

Am Sonntag immer treffen sich
die Bauern in der Gastwirtschaft,
gleich nach dem Gottesdienst geh'n sie
zum Stammtisch auf 'nen Gerstensaft.

Sie reden dies und reden das,
manchmal hat einer schon zu viel,
Ein jeder will der Größte sein,
vor allem dann beim Kartenspiel.

Und schließen auch mal Wetten ab,
wessen Gefährt das Beste sei,
so brüstet mancher sich auch oft;
dann ist der nächste an der Reih'.

So geht es weiter Stund' für Stund',
bis endlich einer was erzählt,
das auch die and'ren int'ressiert,
weil's Wichtiges für sie enthält.

Einer legt los sogleich und prahlt,
dass er der Herr der Straßen wär',
die anderen hören ihm zu,
manch einer glaubt, das wär' 'ne Mär.

„Ist eine Straße kurvenreich
bin ich der Asphaltkaiser hier,
ich lass nämlich die Autos dann,
ja, alle Autos hinter mir!"

„Fährst einen Sportwagen du jetzt?“,
fragt einer, der vor Neid erblasst.
Den and’ren blieb die Spucke weg –
„Wir dachten, daß du Schulden hast!?“

Schließlich klärt er die Runde auf:
„So war es immer, wenn ich fuhr.“
Und bauernschlau fügt er hinzu:
„Ich fahr’ mit meinem Traktor nur!“

16. Mai 2024

Die Hühnereier

Eines Tag‘s im Supermarkt
wollt‘ 'ne Frau Eier einkaufen,
schaut auf‘s Ablaufdatum vorher,
sah, sind alle abgelaufen.

Denkt: Ich will ja frische haben,
geht dann auf ‘nen Bauernhof
und kauft Eier, frisch von Hühnern,
denn die Frau ist ja nicht doof.

Doch zu Hause muss sie feststell‘n,
dass mit denen was nicht stimmt,
macht sich auf den Weg zum Bauern,
will, dass der zurück sie nimmt.

Sie beschwert sich bei dem Landwirt,
sagt: „Die Eier sind ja leer!“
Doch der konnte das nicht glauben,
testet diese hinterher.
Und er sieht, dass die Frau recht hat,
das bringt ihn jetzt sehr in Wut,
rennt zum Hühnerstall, wollt‘ klären,
wie es dazu kommen tut.

Reißt die Stalltür auf, ganz zornig,
und brüllt in den Stall hinein,
dass die Hühner sich erschrecken,
denn er wurde sehr gemein.
„Wer von euch sagt mir die Wahrheit“ –
er ist dabei sehr ergrimmt –

„Sagt mir ehrlich auf der Stelle,
wer von euch die PILLE nimmt?!“

Das Studium

Manch Bauer in der heut‘gen Zeit
bildet sich weiter, int‘ressiert
sich für ‘ne hohe Bildung nun,
und mancher Bauer, der studiert.

Und so kommt es manchmal vor,
dass es einer wirklich schafft
und sein Studium beendet,
hat gelernt ganz beispielhaft.

Seine Freunde woll‘n nun wissen,
welchen Titel er nun hat,
und ob er trotzdem ein Bauer
bleiben wird jetzt in der Tat.

„Nein“, sagt der, „das bleib' ich nicht,
hab‘ ‘nen Titel, dann ich wär‘
blöd, am Feld zu steh'n, ich bin
schließlich ACKERDEMIKER!“